Schon gehört?

Geschichten von Nebenan......

HC

Cover: Kwang Sung Park

„to have and to be"

Mit freundlicher Genehmigung  e (Essen)

Café Togo

Was für ein Geschmack, ein Aroma. Ich glaub, ich muss mich nochmal setzen.

Ein Defekt in der Reproduktion der Geschehnisse der vergangenen Nacht. Schon wieder.

Wo bin ich? Es muss sich etwas ändern. Ich kann nicht ständig meinen Weg ändern, nur weil mein krankes suchtorientiertes Hirn auf jeden Schlüsselreiz hereinfällt.

Nein, diesen Menschen neben mir kenne ich nicht. Nein, und diese Möbel sind auch nicht mein Geschmack. 70iger Jahre, mit dem Duft nach Moschus.

Apropos Geschmack. Rotwein, vielleicht, Zigaretten, bestimmt, und da auf dem Nachtschrank, eine Pizza mit Ananas und Knoblauch. Da hab ich ja den Übeltäter.

Und nun? Noch schnell einen Schluck von dem Roten. Ein Schauer überkommt mich, leider nicht in der Dusche. Die ist besetzt. Druck auf allen Kanälen.

Rein, raus, immer dasselbe. Meine Klamotten, einen dampfenden Becher aus der Küche, riecht nach Erlösung, Erleichterung, nach Afrika, nach Togo, stimmt, da war ich gestern stehen geblieben.

ewigkeiten

ewigkeiten im sekundentakt
ein leben nach dem anderen
gesichter irgendwo
in greller dunkelheit.

einsamkeiten kraftvoll
zerissen nahezu jene
gedanken verloren
am ewigen leben.

atmosphären klar
erfrischend kühl vergänglich
leben irgendwo
kraftvoll verschenkt.

erinnerung verschlossen
gesündigt gekreuzigt
der ewigen erde
vergessen beigegeben.

süße vergänglichkeit

wie eine träge frucht
fall ich in deine hände,
so prall und reif,
wo eilet der moment,
der mir die sehnsucht nimmt,
das tote ende,
welches man sucht
und niemals wiederfind.
es rinnt hinab
der süße saft der liebe,
an fingern, händen,
benetzt den heißen leib.
und dort wo er verrinnt,
wo er scheint zu verenden,
dort in der tiefe,
wo sich der geist verliert,
die macht des fleisches
nimmt dort überhand,
und erst nach hochgenuß
erblasst verstand.
es ist die frucht
die phantasie erweckt,
doch auch den hass erfüllt
in einer trägen süßigkeit.
wer einmal sie geschmeckt
verfällt der sucht,
zauber verhüllt
die falsche sinnlichkeit.
denn nun tanzt du in dem kreise
der auf seine bittre weise
dir verhindert jede flucht.
einzig wär die möglichkeit

bevor gebannt von diesen augen
die mit ihrer blauen tiefe
an dir haften,
und du dich wiederfindest
schwarz und süß
unendlichkeit.
fest umgeben dich die zarten
arme, die dich pflückten,
im prallen, verführerischen garten.
wiedergeboren
unter geschmeidig anmutsvollen lenden,
dein körper sich hebt und senkt
wie leis ein schiff sich wiegt,
im duft eines warmen busen badend
verspürst du jede faser deiner brust,
brüllst so hinaus
den treueschwur dem teufel,
in ihren augen tränen enden.
tanzt einer fackel gleich
ihr bildnis in der luft,
du spürst sie warm
und atmest ihren duft,
zu spät um dich zu retten.
so blind vor liebe
spürst du nicht deine ketten
die dich begleiten
bis zum grund der gruft,
wo dich gewürm liebkost.
vergänglichkeit der süße trost.

Ein Hauch von Ewigkeit

Dunkelheit, absolute Dunkelheit. Ich ziehe meine stinkende, blutig verklebte Hand aus meinen Eingeweiden, einer klaffenden Bauchwunde, Resultat eines amerikanischen Dum-Dum-Geschosses, welches mir von hinten die Rückenmuskulatur und die halbe Bauchdecke weggerissen hat. In zwei Minuten sind die Sanis da versprach man mir hoffnungsvoll vor eineinhalb Stunden. Ich sage, abgeschrieben hat man mich armes Schwein.

Ich greife in meine linke Brusttasche und suche zitternd eine Aktive. Rauchen verboten im Schützengraben, du verrätst dem Feind deine Stellung. Zusammengekauert, halb verblutet, halb verreckt, soll er doch wissen, der elende Hurenbock, was er mir angetan hat.

Hinter diesem vermoderten Pferdekadaver wird mich wohl keiner vermuten. Ob der Gaul sich auch durch seine Zigarettenglut verraten hat, armes Geschöpf.

In einer zerknitterten Schachtel eine letzte Zigarette, danach kann mir eh alles egal sein. Ohne Zigaretten, hier vorne, wo Kanonen wie Kirchenorgeln in einer unbeschreiblichen Zeremonie wie in einer Silvesternacht ihr Andante runter jagen, um all ihre Schäfchen heim zu holen.

Feuer, wo ist dieses verdammte Feuerzeug. Alles um mich herum glüht und brennt, nur ich bekomme diese beschissene Zigarette nicht an.

Endlich, dieser metallene Gegenstand in meiner Hosentasche. Abgenutzt, verbeult und vermockert, ein Weihnachtsgeschenk meiner Frau von vor drei Jahren. Es funktioniert noch, wie unsere Ehe. Immer wenn die Flamme vor meinen Augen aufspringt sehe ich ihre glänzenden blauen Augen leuchten. Gewöhne Dir bitte das Rauchen ab, sagte sie immer, Du ruinierst Dir Deine Gesundheit.

Der gelbe Schein zieht sich in den knisternden Tabak, ein erster erholsamer Zug, Erleichterung, alles um mich für einen Moment vergessen, der zweite Zug, ein Hauch von Ewigkeit.

In der Ferne bricht ein Schuss. Der singende Pfeifton eines taumelnden Geschosses durchfährt die Nacht. Ich verfolge den Ton bis an mein Ohr. Stille, eine glimmende Zigarette verglüht auf einem stinkenden Pferdekadaver.

erinnerung

ein lachen
sonnengerötete haut
verschlossenheit
mal hochnäsig, mal still
einfach weiblich.

zurückhaltung
falscher moment
das herz
kann nicht denken, nicht sprechen,
einfach männlich.

vergangen
einmalige begegnung
herzklopfen
schweigende bewunderung
einfach erinnerung.

Budenzauber

Ein leichtes Klopfen in meinem Kopf, ich denke laut herein, herein, keine Antwort. Ich öffne langsam die Augen und entdecke mich hinter diesem Holzverschlag.

Das Büdchen; Meine Rettung. Kühles Laub als Kissen unter meinem Hintern. Die Feuchtigkeit ist mir schon bis in die Achseln gekrochen, kalter Schweiß, kein Angstschweiß, wirklich, kein Angstschweiß.

Der Totengestank der Zechen, wie ein Verpackungsfurz von gekochtem Schinken. Oder, nein, doch nur eine fast flüssige Hundewurst eines verfilzten, schwarzen Pudels, der mich mit seinen roten großen verheulten Augen während der Defäkation anstarrt.. Der kleine Dicke von der großen Dicken.

Hab ich wieder viele Leben gerettet, nur mein Eigenes vergessen. Kein Hunger, kein Durst. Mit blutverschmierten Händen in diesen Körpern, warm und weich, vermummte Gesichter, verhangene Stimmen, grelles Licht.

Ein Scheinwerfer, nein, es sind zwei, heißt, die Erlösung?! Schritte, sehr langsame Schritte. En abgenutzter Schlüssel wird behutsam und mit mehreren Anläufen in all diese nach Zuneigung und Öl schreienden rostigen Löcher eingeführt. Eine verschwitzte Hand dreht und dreht und dreht.. Ein Vielzahl von bunten Schlüsselanhängern tanzen über ein Handgelenk. Sonst hat diese Hand lange keiner mehr zart berührt.

Eisen auf Eisen, ein Reiben und Klacken, einmal, zweimal, dreimal. Ein Ächzen, die Tür bewegt sich mit einem Ruck.

Alter abgestandener Zigarettenrauch mit dem Aroma von Senf, Buletten und Flaschenbier sucht seine Freiheit. Ich muss mich fast übergeben, schlucke die warme Galle mit dem Gedanken an meine letzte Mahlzeit vor Tagen aber wieder herunter. Was war das noch, am Geschmack ist es nicht mehr zu erkennen, und meine Erinnerungen daran, nicht spektakulär.

Schritte auf knarrenden Bohlen, ein Hustenanfall, tief und produktiv, ein Propf mit Blut- und Nikotinaromen findet im Waschbecken sein kaltes   Ende. Fliegen schrecken auf. Schalter werden mit zitternden Händen gestreichelt, ein blau-weißes Blitzen, dumpfes Licht mit einem Summton werfen ein paar Lux auf das Gelsenkirchener Barock. Pause.

Das heiße Stöhnen der Kaffeemaschine lässt meine Sinne erneut erwachen, gereizt und aufgescheucht, wie ein hastiger Schwarmaufsteigender Gänse, die mit der Sonne im Rücken einer Boeing 707 entgegen fliegen.

Wo war ich doch noch gerade, ach ja, in diesem Körper, schon recht alt. Aber trotzdem aufgeschnitten und hinein mit den Händen, versunken die Finger in warmen Gedärm, Wasser und Blut.

Fast leblos liegt dieser Körper vor mir. Kein Jammern, kein Klagen, nur ein rhythmisches tiefes Atmen, ein und aus, ein und aus. Soll mich das beruhigen, ein und aus, ein und aus, oder Angst machen.

Ich versinke fast zwischen all diesen Därmen und Organen, all das soweit bekannt wie der Weg nach Hause. Nächste Ecke rechts, Leber, dann nach kurzem Stopp, die Galle. Nach 200 Metern die nächste Strasse

11

links, da will ich hin, mein Zuhause, oder der Darm, mein Lieblingsorgan.

Wurst in Darm, genau, das war meine letzte Mahlzeit, jetzt erinnere ich mich fade. War schon etwas älter die Wurst, mit Sauerkraut, war auch schon etwas älter. Da weiß man ja nie, ist jetzt die Säure von der Wurst oder dem Kraut. Aber ein guter süßer Senf, auch schon etwas älter, bringt da den nötigen Kontrast.

Erneut abgelenkt von dem brüllenden stakkato artigen bellenden bis brüllenden Husten, fahre ich erneut hoch, erwarte wieder den Pfropfen, der in irgendeiner Ecke landen wird. Platsch, da war er.

Meine Fahrt nach Hause vor der Augen, meine Reise durch den Bauch abgebrochen.

Verträumt wische ich mir den Morgentau von meinem geliebten und gelegentlich gepflegten Oberlippenbart (hoffentlich ist es auch Morgentau) und versuche auf die Beine zu kommen. Müdigkeit schlägt mir immer wieder in die Kniekehlen, sodass ich nur mit viel Anstrengung auf den Beinen bleibe.

Ich wandere um das Büdchen, beliebt und bekannt wie mein, naja, da fällt mir in diesem Zustand kein Beispiel ein.

Und plötzlich: eine zitternde und bekannte Stimme: "Wie immer Kaffee und Zigarette nach einem anstrengenden Nachtdienst, Herr Doktor?"

Sie retten mir wieder das Leben!

Glück

Tränen
Verschlossene Blicke
Sehnsucht
Gedankensprünge.

Arme
Süßer Geruch
Wärme.

Stille
Benetzte Lippen
Einsamkeit.

Ein Schluck
Küsse
Tränen
Und wieder allein.

Meine (rosa) Brille

Verdammt nochmal, wer hat meine rosa Brille gesehen, hallo, hört mir überhaupt jemand zu? Jedes Mal dasselbe, wenn ich dieses zauberhafte Ding nicht auf meinem Nasengerüst sitzen habe.

Wer ist eigentlich der Typ, der da auf meiner Couch sitzt? Er sieht ja gar nicht schlecht aus, aber er riecht und die Farbe des Pullovers passt so gar nicht zur Garnitur. Und dann nennt er mich auch noch Schatz.

Wo ist meine Briiiiiillllllllllllllllleeeee?

Nein, ich hole jetzt kein Bier, und ich möchte auch kein Stück von Deiner Calzone. Ich muss hier raus, ganz schnell.

Straßenlärm, Hundegebell, aber zumindest frische Luft. Es kommt mir alles so unbekannt vor, so spanisch, spricht nur keiner spanisch.

Erst einmal losgehen, vielleicht wird es ja besser, hebt sich der Schleier der Verunsicherung. Die Sonne scheint, fühlt sich gut an, blendend, stimmt, blendet ein bisschen, meine Brille?

Etwas bummeln gehen, vielleicht mal wieder etwas zum Anziehen kaufen.

Komische Mode diesen Sommer, alles so fummelig. Mal sehen, ob ich da überhaupt reinpasse. Der Spiegel hat aber heute schlechte Laune, gibt mir so gar kein gutes Gefühl. Zu bunt, zu schwarz, zu farblos, zu weiß. Und diese Speckröllchen, wo kommen die auf einmal her.

Verdammt, wo ist meine Brille?

Raus aus dem Laden, das wird heute nichts mehr. Erst einmal einen Kaffee aus Togo. Was glotzen die Leute denn so komisch?

Hab ich was im Gesicht, oder bin ich schon so fett, dass ich keine Leggings mehr anziehen sollte, hatte doch immer so schöne Beine.

Oder sehe ich mit Brille einfach besser aus. Und die, die glotzen, was haben die nur für Sachen an, schrecklich, geht ja so gar nicht, diese hässliche Wintermäntel.

Mein Handy piepst, Nachricht von meinem Kerl „pass auf dich auf, du sahst vorhin als du aus dem Haus gingst so …………… aus".

Kann die Nachricht kaum lesen, liegt wohl an meinen feuchten Augen. Wo ist meine Brille?

Noch ein Piepser und noch ein Piepser, so schlechten Empfang hier auf der Brücke. Der Wind pfeift mir hier verdammt scharf ins Gesicht.

Töchterchen schickt Fotos aus dem Urlaub, sieht fast glücklich aus, sehe sie kaum noch. Wo ist meine Brille? Sie macht Ihr eigenes Ding.

Der letzte Piepser, Terminerinnerung, heute, in einer Stunde, bei Dr. Seelenheiler. Mensch, hatte ich total vergessen, konnte meine eigene Schrift auf dem Einkaufszettel heute Morgen nicht mehr lesen, so ohne Brille.

Da muss ich hin, habe so oft den Termin abgesagt.

Wartezimmerlektüre, so eine Figur möchte ich auch, und so ein nettes Kleid, und diese Frisur. Sieht bei mir alles irgendwie anders aus.

Hallo Herr Doktor, nein, die Tabletten habe ich nicht mehr genommen, die machen so dick. Schauen Sie mal, wie ich aussehe. Und ich sehe davon so schlecht, werde vergesslich. Ich suche ständig meine Brille. Ohne sieht alles so anders aus in letzter Zeit.

Ach ja, letzte Chemo war vergangene Woche. Noch keine Ergebnisse, abwarten. Ok, soll ich die wirklich jetzt nehmen, diese Pille?

Es wird mir warm, ich bekomme Hunger auf Schokolade, spüre die Sonne auf meiner Haut und ein Schmunzeln auf meinen Lippen.

Wieder auf der Straße streichelt mir der Wind durch die Haare. Ich richte meine Perücke, und da ist sie, meine Brille.

Ich setze sie auf und alles sieht wieder viel rosiger aus. Die Leute lachen mich an. Wo wollte ich eigentlich noch mal hin. Vergessen.

Licht

Geblendet
Reflektionen
In Kristallen gelöst
Nacht nimmt Schmerz.

Geleitet
Sonne, Sterne
Zügigen Schrittes
Auf verwilderten wegen.

Gewärmt
Strahlungen
Unruhige Quellen
In Stille gebrochen.

Gelöst
Atome
Stetiger Zerfall
Von Gras überwachsen.

Probefahrt

Dunkelblau, wie schön, und wie er glänzt, so unschuldig, fast perfekt, ob wir da alle rein passen?

Müssen halt dicht zusammenrücken. Zusammenrücken, das heißt Mandy, Pascal, Oma, Opa und Mutti in einem neuen Polo.

Mandy, Du fährst, Opa in einem Befehlston. Aktienstrasse runter, Häuschen dicht an dicht, und ab auf die A 40.

Ach ne, schon wieder dicht, zusammenrücken, das kann dauern.

Fahr nicht so dicht auf, brüllt Mutti, eine Fahne nach Schnaps-Cola, immer ängstlich, und schon wieder dicht. Morgens, halb 10.00 in Deutschland, wo ist mein Weizenjunge.

Aber Mandy ist mit ihren Gedanken ganz bei Opa, seinem dicht behaarten Körper, dem alten Mundgeruch. Er hat ihr schließlich das Auto gekauft, für`s Dichthalten.

Opa war immer zärtlich zu ihr. Sie kann sich nicht daran erinnern, wann es begonnen hatte, dass er sie auf ihre Brust und ihren knabenhaften Hintern küsste, auf ihren Hals, der Geschmack von Karamell, unvergessen, um Dich daran zu erinnern, dass Du was ganz besonderes bist, und heute ist er der Großvater.

Opa ist aber gerade abwesend, taub auf beiden Ohren, eine Granate, ganz dicht neben ihm, seinen besten und einzigen Freund hatte es zerrissen, seine letzten ängstlichen Gedanken verteilten sich aus einer Mischung von Blut und Hirn auf einem französischen Acker.

Opa hat nie darüber gesprochen, dicht gehalten, mit seinen Gefühlen. Seinen Tauben hatte er alles erzählt, die hatten es in die Welt getragen, seinen Schmerz, seine Ängste, seine Schuld, aber die mussten in den Topf, zu dicht der Stall am Thyssen-Krupp Vorstandsgebäude, die Herren mögen nur die großen Rennpferde.

Zerrissen Opa`s Trommelfelle, und die Nachbarschaft, zu Hause, die es nicht in den Bunker geschafft hatten. Und die es in den Bunker geschafft hatten, mal dicht am Tod vorbei, mal dicht am Leben. Die Bunkertür, dicht verschlossen, die Abluft dicht, luftdicht. Angstschweiß und Kohlenmonoxid im Übermaß, alle, farbenfroh, rosa, und doch mausetot.

Oma hatte es nicht mehr in den Bunker geschafft, ist im Keller geblieben, dicht gedrängt, mit allen Sinnen, von allen Sinnen, Glück gehabt. Obwohl die Bomben fielen, dicht an dicht, und die schönen Zechenhäuschen zerschmetterten, dicht an dicht.

Und jetzt, Vorfreude auf Frankfurter Kranz, und Kaffee, Kännchen nur draußen. Hoffentlich hält die Vorlage, dicht. Ja nicht lachen, das kann in die Hose gehen, Oma war noch nie ein fröhlicher Mensch. Trümmerfrau, ja, so fühlt sie sich manchmal, nicht.

Albträume, November 1944, ausgebrannt, ihr Trost, Theodor Storm: ... immer enger leise leise........

Und wieder brüllt Mutti: nicht so dicht auffahren. Mutti ist nicht mehr ganz dicht, sagt Oma, seit Papa im Gefängnis sitzt. Depression, hat der Doktor gesagt, also nicht ganz dicht oder so. Kochen tut Mandy, oder Oma, oder keiner, und Putzen auch, und den Rest auch, manchmal.

Papa, Grubenunglück, eingeschlossen, alles dicht, Kanarienvogel Peterle, und der Haflinger Hannes, alle verreckt. Er und drei Kumpels kamen raus, der Rest, dicht unter der Erde geblieben, fossile Brennstoffe.

Papa, jetzt wieder eingeschlossen, kam mit dem Leben danach nicht klar. Jonny W. half ihm. Ist schon länger weg, hinter dichten Gardinen, war zu dicht, zu dicht aufgefahren, abgefahren, reingefahren, 5 Tode, eine ganze Familie, waren auf Probefahrt.

Pascal ist still, greift sich in den Schritt, undicht. Bonjour, sein Pimmelchen, ein goldener Tropfen jeden Morgen vor dem Frühstück. Kann mit niemandem darüber reden. Tante Clara war doch immer so nett zu ihm, bis auf ihren dichten Damenbart und die falschen Zähne. Und ihr Pudel, heißgeliebt, er war der einzige, der Liebe zeigte, ihn mit Zunge küsste, aber leider, das Kondom, undicht, und jetzt brennt es….

wie in Omas Kopf mit Brettern vernagelte Kirchen brennen, dicht, voll mit Frauen und Kindern, mit all den Betenden, wo ist Gott,

in Opas Kopf Granaten, mit all den Verwundeten und Toten, verraten vor, in, und nach der Gefangenschaft, ein Mann nicht dicht gehalten, nicht Wort gehalten, wo ist Hoffnung,

in Mandys Kopf das erste Mal, mit all den Schmerzen, getan, um anzugeben, wie das Rauchen, aber nun, jede Nacht die Bilder dieses Mannes dicht vor Augen, wo ist Liebe,

in Pascals Kopf, ein kleiner harter Schwanz, das Gummi undicht, wo ist Verstand,

in Muttis Kopf der Schnaps, so klar der Weizen, und dann so klar die Gedanken, keine Gedanken, wieder dicht, wo ist das Ziel.

Und vor uns ein LKW auf der Autobahn, Sprittransporter, was tropft da, schau, der ist undicht.

Und von hinten fährt einer dicht, zu dicht auf, und …. Kohlenstoff in allen Aggregatzuständen.

10 km Stau auf der A 40, wieder dicht, Verkehrsunfall mit 5 Toten, die Feuerwehr kommt nicht durch, alle glotzen, alles dicht…………………………

Rotes Sofa

Nein, es ist nicht rot, nein nicht rot. Was soll nur werden, alle diese unheimlichen, unbeschreiblichen, starrenden, ja förmlich durchbohrenden Blicke.

Dabei ist es doch total normal auf einem weichen, bequemen, rosa Sofa zu sitzen, oder ist es doch rot?

Aber spielt das denn eine Rolle, was macht das schon aus. Hauptsache die Lösung meiner Lebenslüge, meiner Fehlexistenz und die damit zusammenhängende Schwerelosigkeit geht voran.

Ja, fallen, die letzten Stunden bin ich gefallen, sehr, sehr tief, es war sehr kalt und windig. Schwärme von Gänsen haben meinen Weg gekreuzt, auf ihrem Weg in den Süden.

Kalt und dunkelgrau, du dann dieser Fleck, auf diesem beleuchteten Platz. Ein lauter Knall, die Flasche Gin rutschte mir aus der Hand und plötzlich sitze ich auf diesem Sofa. Nun rauscht der Fernseher, die letzte Kippe haucht den letzten Rauch in einer mit dem Lineal gezogenen Linie bis zur Decke. Ein feuchter Fleck, so groß wir ein Pizzateller zwischen meinen Beinen.

Ein dunkler Schatten, hängt von der Decke, am Ende ein Kreis, den leg ich mir um wie eine schöne Perlenkette, ich liebe Perlen. Nun wird mir schwindelig, das Atmen fällt schwer, zu schwer.

Mein Kopf so rot wie das Sofa.

vegetarier.

hey, hier bin ich, hier unten. ihr vollidioten, flachpfeiffen, ihr habt ja keine ahnung.
ich bin der, der das leben auf dieser erde garantiert, derjenige, der dafür sorgt, dass aus all dem biologischen müll mutter erde wird und ihr den mond nachts noch sehen könnt.
sonst wärd ihr schon verrottet unter all dem laub, heu und stroh und pferde- und kuhmist.
und das schmeckt verdammt nochmal nicht immer lecker.
doch ihr, ihr hohlköpfe, bevorzugt die biene, weil sie so schön in comics zu zeichnen ist und ihr euch bienenkotze aufs sonntagsfrühstücksbrötchen schmieren könnt.
ihr seit so dumm. kommt doch mal hier runter, wahrscheinlich unter eurem niveau, und schiebt tonnen von so genanntem biologischen abfall von links nach rechts und dann wieder von rechts nach links.
wisst ihr eigentlich wie beschissen sich das anfühlt, ein wandelnder darm zu sein, kein rückrad zu haben und bei frühlingsregen angst zu haben zu ertrinken.
und wenn wir mal die sonne genießen wollen, kommen sie in scharen, die gelbschnäbler, und vernichten ganze familien. neulich, mein cousin und seine sippschaft, einfach weg. darum geh ich jetzt regenwürmerinnen bumsen. und übrigens, ich bin vegetarier, darum ess ich keine regenwürmer.

Sehnsucht

Romane gelesen von ihren Lippen
das Ende so wahrlich süß bekannt
gefunden den Tod an den steilsten Klippen
den Leichnam gehalten mit Ihrer Hand.

Jenes Drama zerwühlte deine Seele
wie einst deine Hand ihr blondes Haar,
und auf der Suche nach dem Glücke
zwischen rauschendem Meer und glühendem Sand,
zerrissen dein Herz in tausend Stücke
welches verloren und niemals wiederfand.

Phantasien und Hass sind dir geblieben
die besten Freunde von Liebe und Glück,
und jede Nacht wenn dich Träume entführen
wünscht du dir jene Stunden zurück.
Doch bei Morgengrauen ist alles vergangen
und du denkst, hätt ich mich doch aufgehangen.

Sommer

ich fliege
 chöre
durchbrechen blaue horizonte
 stille
rhythmus meiner seele

büsten aus gips
 verlieren
sich im gerümpel
 wirklichkeit
ohnmacht meiner träume

in der gosse
 begraben
in schmutzigen armen
 gesänge
in d-dur

liebkoste magere
 schwäne
frosterstarrte körper
 tränen
benetzen lebloses gewürm

heimische gewässer
 versiegen
starre göttliche blicke
 schwere
zerfällt in sole.

Wenn das Essen ist, was ist dann erst ......

Der verdammte Wecker geht um vier, im Halbschlaf in die Küche, Kaffeemaschine an, und die Schultaschen der Kinder finden.
Warum mache ich mir immer die Mühe mit den Schulbroten, Leckere Saatenkruste von Feinkost Albrecht, 2,19 €, das muss gut sein für den Preis. Mit Mortadella 200 Gramm, 49 Cent aus dem Angebot, lecker.
Aber die Stullen von Gestern wieder nicht angerührt, also bleiben die Reste für mich, freu mich immer, bleibt weniger Arbeit.
Für die Kinder gibt's heute einen Euro für Bäcker Peter. Da gibt es immer ein Brötchen geschenkt, dazu eine Caprisonne, Sonne in Bio-Qualität, super.
Frage mich, warum kriegt die Tochter vom Hausarzt am Karlsplatz eigentlich auch immer ein Brötchen geschenkt, die haben doch genug.
Mittlerweile halb sechs. Der Alte müsste langsam von der Nachtschicht bei Stauder zurück sein. Nicht dass er wieder am Büdchen vorm Maria Hops mit den Kumpels bis mittags hängt. Schönes Wetter, das kann dann wieder dauern.
Hab noch 10 Minuten zum Karlsplatz, die Kinder sind gerade los, zur Gesamtschule, sind motivierte und stets bemühte Schulgänger, wie ich damals.
Mit den Noten kenn ich mich heute nicht mehr aus. Die Kinder sagen, es wäre alles in Ordnung. Der Lehrer der immer anruft und mich zum Elternsprechtag bittet hätte keine Ahnung. Wann soll ich denn da auch noch hingegen.

Vorbei an Schneiderei, Italiener, Lottoladen, Dönerladen, Nippesladen, Post, Bäcker, da kommt man dann schon auf den Geschmack.

Noch zwei Minuten bis zur Abfahrt der U11, Rolltreppe wieder kaputt. Die arme Oma mit dem Rollator, will bestimmt zum Doktor über dem Bäcker.

Hole mir noch einen Amerikaner, und schnell die vielen Stufen herunter, mein Frühsport, Ticket ziehen und rein in die Bahn nach einem ekeligen staubgeschwängerten Dreck-Fön aus der U-Bahn Röhre.

Das Wetter ist schön, zumindest trocken. Das bedeutet, mein Freund geht nach der Nachtschicht noch an der Bude vorbei, die Kumpels von der Zeche treffen.

Das wird dann wohl später und eine feuchte Angelegenheit. Sehe die Jungs immer von weitem wenn es in die Bahn geht, stehen direkt gegenüber vom Maria Hops. Da liegen auch immer ein paar Kumpels rum. Sind schon in die Jahre gekommen, sieht man dann in Schlappen und Bademantel zum Rauchen.

Er tut immer so als ob er mich nicht sieht. Stelle ihm zu Hause trotzdem einen Teller hin, Toast, Margarine und ein Bierglas.

Wahrscheinlich ist er aber dann schon satt, Bulette, ne Schachtel Kippen und ein Pils und viel sättigende Politik aus der Bildzeitung.

Mein Ex war da anders. Nach dem Kiosk kam direkt der Kühlschrank, seine 1 bis 2 Flaschen Stauder und dann auf die Couch.

Er war immer recht übellaunig, wenn ein Durchschlafen nicht möglich war. Bin dann von meiner damaligen Putzstelle im Marienhospital immer erst in den Park und dann ins Center, was essen und schoppen.

Nehme Platz in der überfüllten U11. Frisur ist hin. Jetzt frühstücken. Mein Amerikaner. Der Zuckerguss klebt immer so schön am Gaumen, den letzten Bissen verstaue ich immer in der linken Wange, da hab ich guten Geschmack bis zur Martinstrasse.

Spätesten an der Haltestelle Bamlerstrasse bin ich eingeschlafen.

Träume so gerne vom Zirkus, nicht von dem zu Hause, sondern dem Echten, mit Clowns und Pferden und Hochseil und Kapelle und so.

Muss im Traum gelacht haben, kurz vor der Station Martinstrasse werde ich automatisch wach, komisch von den Leuten in der Bahn angeglotzt. Alle verstecken sich hinter Bildzeitungen, Brötchentüten und Café Togo (kommt der aus Afrika?).

Lache selten, fühle mich aber etwas beschwingt und erholt. Vielleicht auch weil es wieder zu meiner neuen Stelle geht. Endlich kein Putzen mehr sondern arbeiten in Rüttenscheid in einem noblen und bekannten Restaurant in der Emmastrasse als Porzellanpflegerhelferassistentin.

Eine Stelle bei einem Sternekoch der sogar manchmal im Fernsehen ist und immer über mein Essen schimpft.

Aber egal, ich bin im Team. Musste echt eine Bewerbung mit einem Motivationsschreiben für die Stelle besorgen.

Ich konnte mir gar nicht vorstellen, dass es jemanden interessieren könnte, dass ich unbedingt Geld brauche um meinen Kindern ein besseres Leben zu bieten. Und dass dies nun der Grund war mich auf dieser Stelle zu bewerben.

Also schrieb mir mein Sohn ein paar Zeilen die er bei Google gefunden hatte. So etwas wie: Ich liebe glänzendes und quietschendes Geschirr und als ein Kind der Generation Miss Tilly, „ich bade meine Hände sogar in Spülmitte"!….

Sowie, weiblich, 32 Jahre, vorhandenes Karrierebewußtsein, motivierte und bemühte

Schulgängerin, Motivation für Überstunden besteht, sowie die Bereitschaft ein Bezüge vermindertes Praktikum und Probezeit durchzuführen.....

Und was soll ich sagen. Hier bin ich.

Jetzt bin ich verantwortlich für Spülarbeiten in diesem tollen Laden. Und tatsächlich, ich liebe glänzendes quietschendes Porzellan, bei uns gab es immer ehr Pizza aus der Packung oder Frittenschale.

Und es macht Spaß, das sag ich mir jeden Tag. In der Probezeit sollte ich auf etwas Gehalt verzichten. Weniger ist manchmal nichts, so die Praxis, aber theoretisch hat dieses Einverständnis meine Aussage im Motivationsschreiben unterstrichen.

Oft und lange höre ich die Geschichten und Leiden der Hilfskochassistenzgehilfin. Ich höre ihr zu, ich bin ein guter Zuhörer, aber hier wohl auch die Einzige.

Ihr Mann war Tanklastwagenfahrer, Unfall auf der A 40, kleiner Polo mit 5 Personen und er, bumms, verkohlt wie ein im Ofen vergessenes Filet. Gestern noch passiert. Bekomme die verkohlte Substanz schwer vom Porzellan. Will sie aber gar nicht hören.

Den Tod ihres Mannes vor 2 Jahren hat sie bis heute nicht verkraftet, Tod ist sowas endgütiges, sagt sie immer. Der Weg ihres Lebens eine Sackgasse. Maria hilft ihr ein bisschen. Sie muss nur vorsichtig sein, dass man das nicht zu stark riecht.

Ich bin egoistisch, behalte meine zwei Freuden für mich, Schokolade und den Filetrest von Tisch 12 und teile nur die Leiden.

Wenn der Müller kommt, steht alles still. Er hat mich auch schon mal begrüßt und gefragt was ich so tue, und ob ich eine Leidenschaft für Lebensmittel habe. Ich sagte Ihm, mein liebstes Obst wäre der Früchtespiegel, so hartnäckig vom Porzellan zu entfernen und die

Drachenfrucht. Dann träume ich immer von fernen Ländern.

Warum ist das Essen hier eigentlich so teuer, ich habe mich nie getraut das zu fragen. Glückliches Fleisch von glücklichen Ochsen, macht das glücklicher als Mortadella?

Und dann diese Kartoffelstreifen an Tomatenjuice und geschlagener Butter, für 21 €, sieht aus wie eine Pommes Rot Weiß.

Und die Teller sind nie leer, warum essen die Leute nicht auf, jetzt regnet es schon wieder seit 14 Tagen.

Manchmal darf ich naschen, die Hilfskochassistenzgehilfin steckt mir manchmal eine Herzoginnenkartoffel oder eine Kaiserschote zu. Schmeckt sehr gesund und teuer, aber meine Pizza hat mehr Geschmack.

Ich tue so als ob es mir wahnsinnig schmeckt, mit Ketchup geht's.

In der Mittagspause treffe ich mich mit meiner Mutti. Das Leben meiner Mutter mit all ihren Leiden höre ich mir jeden Mittag an. Ich bin wieder die Auserwählte, aber keiner interessiert sich für meins.

Wir sitzen am Stern, es fliegen ein paar Tauben zu meiner Mutter. Sie ist bei den Tauben beliebt, sie ist damit groß geworden, darum das Mitleid. Die armen Dinger, Dreckfresser, Luftratten, Krankheitsbomben.

Aber diese Weiße, sieht aus wie meine kleine Taube die ich als Kind hatte, bevor Papa sie in die Suppe getan hat. Habe Ihn dafür gehasst. Mit der habe ich Mitleid. Der eine Fuß ohne Krallen, nur noch ein Humpelstumpen. Am anderen Fuß eine Restzehe. Gut dass ich noch alle meine Zehen habe. Papas Füße sahen so ähnlich aus als er älter war. Hatte irgendwie Zucker oder sowas in den Füßen.

Mutter liebt Bienenstich und es gibt ihn noch trotz Bienensterben, war jetzt im Fernsehen, wegen zu viel Nikotin. Dann sollen die Imker mal weniger rauchen.

Ich beiße in die Knifte von gestern, lecker.

Erst einmal einen Einkaufszettel machen:

Margarine, Tost, Mortadella, Fleischwurst, Scheiblettenkäse, Nuspli, Fertigpizza, Fertigbaguette, Tiefkühlschnitzel, Tiefkühlkartoffelecken, Ketschup, Majo, Buletten, O-Saft, Bratfett.

Heute 32 € verdient, 6 Stunden spülen, das wird für den Einkauf reichen. Zigaretten, Scheißhauspapier und Cola sind noch da.

Obst mögen die Kinder und mein Freund nicht. Daher esse ich auch keins. Es soll im Übrigen ungesund sein, haben sie im Fernsehen gesagt.

Das haben schon so viele Leute angepackt. Und das Braune unter den Fingernägeln ist nicht immer Schokolade, das kenne ich von meiner Mutter.

Das Mädel gegenüber, puh, die ist aber eine schlechte Photokopie einer Altenessener Schönheitskönigin, wohl eine Wette gegen den lieben Gott verloren.

Die Leute die mit mir hier in Rüttenscheid in der U 11 einsteigen sind alle so schön. Spätestens am Hauptbahnhof ändert sich das spontan. Und dann sehen alle so krank und unglücklich aus, kein Lächeln, nur wieder Bäckertüten und Cafébecher.

Soll das wirklich stimmen, dass man im Norden ehr stirbt als im Süden von Essen. Kann ich nicht glauben. Soll an Essen liegen, ob das in Bochum anders ist?

Die Zechen sind bestimmt schuld, und die Tauben, die es früher hier so viel gab. Aber aus den Zechen haben die doch Museen gemacht, für die aus dem Süden.

War auch schon lange nicht mehr in einem Museum. Bergbaumuseum Bochum mit der 9ten Klasse, wir hatten alle so alberne Kutten an und so ein Hütchen. Mir was das so peinlich, war so verknallt in Andreas, mein späterer Mann. Verdammt ist das lange her. Und Kino, mit den Kindern, da muss ich mindestens 2 Tage arbeiten, so mit Nachos und Popcorn und großer Cola.

Mutter ging es heute nicht so gut. Todestag von Papa, ich war 6 Jahre alt.

Fritten Rot Weiß für die Kleinen, mein Freund ist auf Spiel von Rot-Weiß, wird wohl ein Hähnchen auf der Vogelheimer essen.

Ich beiße in meinen Knoppers, abends, halb 10 in Deutschland und schlafe alleine auf dem Sofa ein.

Wein

Wein
Benetzt die Lippen
Sanfter Glanz
Benetzt den Geist
Ein zarter Blick.

Knospen
Vom wilden Rosenstrauch
Beeren
Und wilde Orchideen.

Eichenholz
Ein warmes knistert
Der Schwefel der Flamme
In tiefem Rot.

Nur Tränen süßer
Das Ziel der Reise
Längst vergessen
Ein leeres Glas.

Kapitel 2

Herein, herein, ... verdammt, wer oder was klopft da auf mich ein...................

Es dauerte einige Zeit bis er bemerkte, dass die von billigem Rotwein aufgeschwollenen Hirnwindungen sich von innen an die Schädelkalotte drücken und nun im Rhythmus des Herzschlages anklopften.

Stimmen aus der Ferne zu hören, ein Deckenventilator zerschneidet mit Gelassenheit die schwere Rauch verhangene Luft, die Sonne hängt flimmernd an den dunklen Fensterläden.

Es musste gegen Mittag sein. Er rafft sich auf, stolpernd über leere Flaschen unkoordiniert hin an den Wasserhahn, das Waschbecken verdreckt mit Essensresten, wohl von den vergangenen Mahlzeiten, provoziert einen erneuten Schwall aus Bohnen, Speck und beißender Gallenflüssigkeit.

Alles dahin, mein Leben zerstört, alles genommen. Das Leben war so nicht geplant, nein, so nicht.

Zum Frühstück ein Whisky und eine Zigarette, der Kopfschmerz lässt nach, der Blick etwas klarer, die Realität datür grausamer.

Raus aus diesem Loch, um für einen kurzen Moment Herr der Lage zu sein, ein Plan, ein Ziel........................

Die Zunge brennt, Durst. Einen zweiten Whisky gegen den schlechten Geschmack, einen dritten gegen die Hässlichkeit dieser Welt. Ein breites Grinsen des zahnlosen Wirtes in einer Kaschemme, Stimmengewirr, langsam ist es zu ertragen, all dies...................

Und wieder endet ein Tag inmitten von brasilianischen Nutten, eine hässlicher als die andere, sie kichern, lästern, als er lallend nach einem Taxi brüllt, und weint...

Angst vor dem Albtraum seines Lebens............

Wieder und wieder dieses bunte Stück Stoff als Spielzeug des Windes, ein kaltes starres Seil, welches in dieser zarten Haut des Halses hässliche Druckmarken hinterlässt, und ein lebloser Körper, blass, inmitten diesem saftigen Grün……………………, nein.

Warum macht den Keiner etwas, warum merkt denn keiner etwas…………

Seine Frau hatte sich aufgehangen, war er zu schlagfertig in seinen Argumenten, tag täglich?

Nur noch ein Schluck aus der Flasche, noch eine Zigarette……………

Hastig verlässt er diesen Ort der Schuld, mit dem Feuerwerk von Erinnerungen, unklar wohin, einfach raus, weg, ……………, schnell, schneller, weg.

Regen drückt das klebrige Haar an die Stirn, Salz über Wangen verrinnt, unklare Worte, ein wimmern, faseln…..

kein Blick, kein Ziel, kein Weg…………….

Bang…………….

Ein heranrasender Lkw erwischt ihn mit voller Wucht, Blut und Hirn spritzen an die Windschutzscheibe, der Scheibenwischer hat Mühe die letzten Gedanken von der Scheibe zu wischen.

Ein Aufspringen der Fahrerkanzel, kurz, als das Vorderrad den Brustkorb überrollt und zerquetscht, ein zweites Hüpfen, das Hinterrad, das nun auch Becken und Extremitäten zu einer Masse zermalmt…

Der Fahrer, Vater von 7 Kindern, Mann von 3 Frauen, Schuldner von vielen tausend Dollar, mit den Gedanken an ein Feierabendbier, vermutet einen verwilderten Hund unter den Reifen. Der Regen, die schlechte Sicht und das Telefon, und gibt Gas……

Der Regen spült den Dreck schon weg, einen räudigen Hund wird schon keiner vermissen.

Einsam

Ich sitze auf dem Sofa,
wie eh und je,
mit einer Flasche Bier, einer Zigarette, Füße hoch und
Glotze an.
Doch meine Frau meinte immer,
Junge, tu das nicht, lass das, es macht Dich krank.

Es ist irgendwann im Mai,
und wie eh und je,
ein Surren im Hintergrund,
die Mäher der Nachbarn,
ein Lachen, die Kinder,
der Geruch von Bratwurst, gegenüber auf dem Balkon.
Doch meine Frau schimpfte immer,
dieser Lärm, diese Rotzblagen, dieser Gestank.

Es ist irgendwo in Essen,
und wie eh und je,
Stau auf der A 40,
Überfall auf Rentnerin Vogelheimer Strasse
und Viele keine Arbeit.
Doch meine Frau sagte immer,
nimm die Bahn, das geht schneller,
was läuft die alte Frau auch daher,
und bring wenigstens den Müll runter.

Es ist irgendwie einsam,
und nicht wie eh und je,
keine Frau, die immer meint,
keine Frau, die immer schimpft,
keine Frau, die immer sagt.

Ich sitze auf dem Sofa,
und, je voller der Ascher, desto stiller wird es,
leeren muss ich ihn nun selber,
und, je leerer die Flasche, desto weniger Lachen höre ich,
eine Neue muss ich mir jetzt selber holen.
Und, je später es wird, desto mehr Hunger bekomme ich.
Kochen tut hier nur keiner mehr,
und, kein Fluchen, Meckern, Meinen.

Ich hole mir noch eine Flasche,
eine je Abend hatte ich mir geschworen,
der Kasten halb leer,
und es ist doch erst Dienstag.

hallo, alles gut?

muss dich schnell noch mal anrufen, es ist so ein tag, wo ich gerne überall wäre, nur nicht hier.
du gehst nicht ran. will mit dir reden, mit mir selbst kann ich es grad nicht. die halbwertszeit meiner guten laune geht gegen null.
nochmal schnell deine nummer, besetzt. meine reaktion jetzt nicht kalkulierbar, nach dem schlechten kaffee. ich muss mich ablenken um nicht zu laut die stille zu hören.
kann ich jetzt wissen was sein wird, was die erinnerung festhält?
wahlwiederholung, freiton, endlich, sekunden, du gehst nicht ran.
wie hat sich mein leben verändert durch dich. geht es bei uns um liebe oder etwas anderes, um verrückte ideen?
geht es dir gut? nicht das wieder ein roter faden deines lebens an deinem arm herab rinnt. es ist nicht lange her, dass ich dich so fand, du wolltest dir deine liebe herausschneiden.
und da verliebte ich mich in diese komplizierte idee, in dich. renne der ekstase der liebe hinterher, damit etwas passiert in meinem leben. ausbrechen aus der gewöhnlichkeit, ordinarität meiner gedanken. für diese liebe gab es keine generalprobe.
wahlwiederholung, besetzt.
ein kurzer text von mir "alles gut"?
antwort "melde mich, mach kein stress, ich mag keine worte, wenn es um liebe geht "!

Picknick

Heute ist der gefühlt wärmste Tag des Jahres mit der Voraussage einer tropischen Nacht. Das wird dann wieder warm in meiner Bude unterm Dach.

Jetzt, nach der Schicht kommt aber erst einmal die Sehnsucht nach der Sucht, Heißhunger, Eishunger. Ab ins Sorrellies auf der Rüttenscheider. Die Warteschlange ist überschaubar, stelle mich verschwitzt zwischen all diese schönen Menschen.

Oh, ein kleiner Mann im Kinderwagen, angeschnallt der Kleine, damit er bei seinen heftigen Vor- und rückwärtsbewegungen nicht aus dem Wagen fällt, sieht nicht gesund aus. Aber als 6 Jähriger wartet er sehnlichst auf ein Eis. Seine Oma reicht ihm ein Hörnchen mit Schokokugel, welchen er mit Freuden und viel Speichelfluss beginnt zu essen. Seine Mutter, ein hübsches Ding sitzt mit ihrer kurzen hellen Hose und der rosa Bluse vor ihm.

Plötzlich und unerwartet, ein Verschlucken und ein Husten des Kleinen, und das Schokoeis landet auf den Schenkeln und dem Outfit von Mama. Der Ausflug findet spontan eine Wendung. Ich bin wohl der Einzige, der den Anblick von Schokolade auf diesen schönen Beinen appetitlich findet.

„Hallo, was wünschen Sie" höre ich aus dem Hintergrund.

„Gesalzene Erdnüsse, zwei Kugeln in einem großen Hörnchen", meine spontane Auswahl.

„3,60 € bitte, danke". Wo sind die Zeiten hin, wo eine Kugel Eis noch einen Groschen kostete, bin ich schon so alt?

Noch etwas geknickt von dem Schicksal dieses Kindes mach ich mich auf den Weg nach Hause,

Rembrandtstrasse. Zum Einkaufen habe ich bei der Hitze keine Lust.

Die gesalzenen Erdnüsse versüßen mir den Weg und die Stufen in meine Dachgeschosswohnung. Diese ist gähnend leer und etwas lieblos eingerichtet, Inneneinrichtung kenn ich nur aus Frauenzeitschriften und „Schöner Wohnen". Und genauso gähnt mich der Kühlschrank an, absolut belanglose Dinge wie Senf, Ketchup und ein Glas Kapern, die letzten Eier hatte ich meiner Nachbarin gegeben. Sie war nicht zum Einkaufen gekommen, hat einen kleinen Jungen und einen Hund und eine psychische Auffälligkeit.

Sie sprach mal darüber, sie sei ampelvalent oder so. Und sie befand sich zum Zeitpunkt der fehlenden Einkäufe wohl in der Rotphase der Erkrankung. Nichts geht mehr, absoluter Nullpunkt. Hab ich mal gelesen, in einer Patientenakte. In der Grünphase habe ich meine Nachbarin leider noch nie erlebt.

Und die Wohnung roch wie bei mir im Archiv, naja, ein Hund, ein Kind mit Windeln, und dann Dachgeschoss bei gefühlten 35 Grad. Da muss der Anspruch schon mal etwas auf den Boden der Tatsachen zurück.

Stichwort Archiv, ja ich arbeite im Archiv, Klinikum, Karteikarten sortieren und digitalisieren, ich schaffe meinen Arbeitsplatz ab. Aber ich arbeite langsam, habe noch einige Tausend Seiten Patientengeschichten vor mir. Vielleicht reicht es bis zur Rente.

In der Mittagspause gehe ich immer in Kittel zum Essen. Ich wurde sogar schon mal angesprochen ob ich Arzt wäre. Ich sagte nur spontan "Nein, nein" ich arbeite etwas tiefer in der Hierarchie. Aber in der Mensa ist der einzige Ort, wo ich fremde Menschen sehe und manchmal ins Gespräch komme, so über das Frontcooking oder das Wetter.

Ja genau, das Wetter. Das ist ja aktuell ein ganz heißes Thema. Ab 18 Uhr hat der Grugapark freien Eintritt. Ich suche mir ein ruhiges Plätzchen und lege mich auf den Rasen. Der Geruch von Grillgut, das Lachen von spielenden Kindern und lesenden Einzelgängern gibt mir ein wenig das Gefühl von Urlaub.

Das Stück Käse was ich noch im Gefrierfach gefunden habe und die Flasche Rotwein, die ich noch im Regal hatte liegen neben mir und warten darauf die Urlaubsstimmung zu teilen. Nun liege ich auf dem Rücken und beginne Figuren zu raten in den vorbeiziehenden Wolken. Ein Spiel, welches ich gerne mit meiner Tochter gespielt habe. Fast täglich, wenn wir hier waren. Doch man hat mir mein Töchterchen genommen, mein Herz, mein Leben.

Was fliegt da vorbei? Ein Krokodil? Ja, schni, schna, schnappi, genau. Und dort ein Hasilein, erinnert mich an Ostern letztes Jahr. Zu Ostern letzten Jahres hatte ich ein Abo in Pech für Anfänger gewonnen. Leider hatte ich vergessen es wieder abzubestellen. Meine Tochter packte mir jeden Tag in rosa Einhorn Papier. Da konnte ein Tag nur schön werden.

Mittlerweile wird das Drehbuch meines Lebens durch andere geschrieben. Was immer wieder für eine Überraschung gut ist. Mein Leben fließt dahin wie der Rhein - Herne - Kanal. Manchmal stinkt es auch so. Ich lache so vor mich hin, um meine Laune zu verbessern, hilflos dem Neuen gegenüber. Ich schere mich selten darum, was die Welt denkt, denn keiner kennt meine Welt, schert sich nicht um mich. Der warme Chateau Migräne steigt mir langsam zu Kopf.

Ah, da ist meine Nachbarin, die mit dem Kind und dem Hund. Nun hat sie einen netten Typen dabei. Er hat auch ein Kind, eine Tochter. Der scheint sie über alles zu lieben.

Diese Blicke, diese Berührungen so behutsam. Jetzt hat der Junge endlich eine Spielkameradin, wow, ein Engelchen. Und all diese leckeren Sachen, die sie auf ihrer Picknickdecke haben, gleich platzen die Erdbeeren in der Sonne vor Erotik, vor Spannung, vor Leidenschaft. Die Kinder spielen schreiend und laut mit dem Hund.

Er legt seine Hände sanft auf Ihren Nacken und auf Ihre Stirn. Es macht mich glücklich für sie.

Sie war doch so traurig als die Ampel mal wieder auf Rot war und ich das Omelette für den Jungen gemacht hatte. Dann bin ich für sie mit dem Hund raus. Sterben kann manchmal schöner sein als Leben, hatte sie immer wieder gesagt. Sie hat so Recht.

In diesem Moment wird sie dieses aber wohl vergessen haben. In diesem Moment, ihr Leben ein anderes, ein glückliches. Ich öffne meinen Käse, Gouda mittelalt, wie ich 48, mehr als die Hälfte wohl hinter mir. Aber es lohnt sich nicht zurückzuschauen. Haltbarkeitsdatum beim Käse vor zwei Jahren abgelaufen, bei mir weiß ich es noch nicht. Dann ist er ja sogar mit mir umgezogen. Ein Relikt aus meinem früheren Leben. Zank und Hoffnung, Sein und Nichtsein bis zum Zerbersten. Wie das Porzellan, welches ich mit dem gesamten Abendessen an die Wand gepfeffert hatte, bähm.

Und nun sehne ich mich zurück danach, Tatar mit Kapern und Liebe selbstgemacht, Kartoffelsalat und hauchdünn geschnittener Schinken, dazu das Lachen meiner Tochter, wenn wir um die Wette Grimassen geschnitten hatten, wie frisches Brot vom Bäcker, unperfekt, aber einzigartig. Ich muss weinen, heule in den kurz geschnittenen Rasen, kriege mich kaum ein.

Kinderlachen weckt mich, ein Ball neben mir gelandet, auf meinem Käse. Bei den Blicken der Kinder kann ich nicht böse sein, werfe den Ball zurück und schneide dicke Scheiben vom Käse herunter. Ein Klecks Senf und einen Schluck Roten aus der Flasche. Was braucht man mehr? Ich glaube eine ganze Menge. Vielleicht Brot und Hartwurst, das wäre jetzt schön. Und eine nette Begleitung, unvorstellbar.

Mein Blick fällt erneut auf meine Nachbarin. Da ist so viel Knistern in der Luft, wow. Jetzt will sie mit ihm schimpfen, dem neuen Freund, doch er umschließ sie einfach mit seinen starken Armen und gibt ihr Halt. Er lächelt zurück, berührt ihr Gesicht, ihre Lippen, er strahlt so viel Ruhe aus, einer deutschen Eiche gleich. Aus Spaß trommelt sie mit Ihren Händen auf ihm herum. Der Glanz seiner Augen schenkt ihr Glück, - perfekt -. Dieses Pärchen, die lachenden Kinder, der Hund, einfach perfekt.

So einen Moment muss man festhalten, Glück pur, unverwüstbar, einfach Liebe. Ich muss wieder heulen.

Dann muss ich eingeschlafen sein. Der Wein ist leer, der Rest vom Käse liegt 10 Meter entfernt und wird von einer Elster zerrissen, ok., dann hat sich das erledigt.

Der Rasen ist feucht und kalt, ein Schauer überkommt mich. Ein Blick auf die Uhr, ups 4.30 Uhr, dann muss ich gleich los. Schichtbeginn um 6.00 Uhr. Wieder und wieder denke ich an das glückliche Paar.

Kann mich in meinem Leben nicht an so viel Liebe erinnern, selbst wenn ich alles zusammenziehe. Die Elster krächzte dankend und macht sich mit dem letzten Stück Käse davon. Der Weg zur Orangerie zieht sich, die ersten Jogger kommen mir entgegen. Was die wohl für ein Ziel haben? Hat man ein Ziel wenn man im Kreis läuft?

Die Esmarch-Strasse hoch, bei Bäcker noch wacker Brötchen mit dem Namen „Sportsfreunde" holen, mein Beitrag zum aktuellen Bewegungshype. Im Keller angekommen ziehe Ich meinen Kittel an und fühle mich direkt größer, etwas mehr Mensch. Guten Morgen Herr Professor, schönen Tag. Nichts, wie jeden Morgen, er ist wohl zu beschäftigt sowie seine Sekretärin, die auch keine Zeit zum Grüßen hat.

Sitze an meinem Schreibtisch. Die Neonröhren summen und flackern und tanzen zum stöhnenden Pfeifen der Kaffeemaschine. Die letzten Tropfen fallen willenlos in den Filter. Belege meine Brötchen mit Schokocreme und Scheibletten. So kann der Tag beginnen. Wettervorhersage: wird wieder heiß. Wird ein schöner Tag. Vielleicht esse ich heute Nachmittag mal ein Eis.

Deine eigene Geschichte:

Du musst jetzt etwas hier hinschreiben!!!!!

Herstellung und Verlag:

BoD – Books on Demand, Norderstedt

Bibliografische Information der Deutschen
Nationalbibliothek:

Die Deutsche Nationalbibliothek verzeichnet
diese Publikation in der Deutschen
Nationalbibliografie; detaillierte bibliografische
Daten sind im Internet über http://dnb.dnb.de
abrufbar.

ISBN: 978-3-7528-4115-2